NOTICE

SUR

JULES BARRÈME

PRÉFET DE L'EURE, ANCIEN AVOCAT AU CONSEIL D'ÉTAT

ET A LA COUR DE CASSATION

Né à Avignon le 25 avril 1839, décédé à Maisons-Laffitte le 13 janvier 1886

PARIS

ALCAN-LÉVY, IMPRIMEUR DE L'ORDRE DES AVOCATS

24, rue Chauchat, 24

1886

NOTICE

SUR

JULES BARRÊME

PRÉFET DE L'EURE, ANCIEN AVOCAT AU CONSEIL D'ÉTAT

ET A LA COUR DE CASSATION

Né à Avignon le 25 avril 1839, décédé à Maisons-Laffitte le 13 janvier 1886

PARIS

ALCAN-LÉVY, IMPRIMEUR DE L'ORDRE DES AVOCATS

24, rue Chauchat, 24

1886

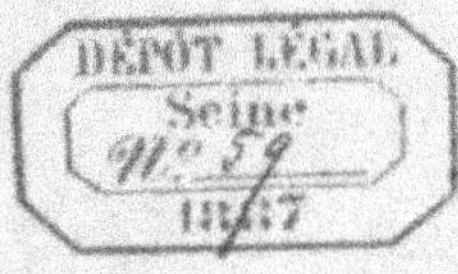

Notice sur JULES BARRÊME

*Préfet de l'Eure, avocat au Conseil d'Etat et à la
Cour de Cassation*

NÉ A AVIGNON LE 25 AVRIL 1839, MORT A MAISONS-LAFFITTE LE 13 JANVIER 1886

LUE A LA SÉANCE DU 20 DÉCEMBRE 1886

MESSIEURS,

La mort tragique qui, le 13 janvier 1886, frappait Jules
BARRÈME, nous a tous atterrés. S'il était permis de pré-
voir quelle sera la fin d'un homme, assurément, notre
malheureux camarade aurait été le dernier auquel on eût
présagé son destin. Il était, en effet, doux, conciliant,
affectueux et gai. Il semblait éviter tout ce qui peut, dans
la vie, créer soit un embarras, soit un souci, soit surtout
une inimitié. Tel nous l'avons connu au collège d'abord, à
l'Ecole de Droit plus tard, puis à la Conférence et au
barreau de la Cour de cassation, tel il se montra dans les
diverses fonctions publiques qu'il a remplies.

Au Conseil général du département de l'Eure, dont il
était en dernier lieu préfet, la correction de sa tenue, son
affabilité, la distinction de son esprit et de ses manières
l'avaient fait accueillir par tous avec une bienveillance
sympathique. Lors de ses funérailles, un des membres les

plus brillants de notre association, M. Jules Develle, ministre de l'agriculture, a pu dire sans exagération que « ses amis et ses adversaires se réunissaient pour pleurer « ensemble celui qui, au milieu des luttes de la vie, « avait toujours été un ami dévoué. » Et comme pour confirmer cette appréciation, M. Pouyer-Quertier rendant hommage à sa courtoisie et à sa loyauté, ajoutait que « jamais un mot blessant n'était sorti de ses lèvres. »

Pour ceux qui l'ont connu, quel contraste affreux entre ses habitudes les plus chères et ses derniers moments sur le pont de Maisons! Nul ne prenait de sa personne un soin plus méticuleux. Il était d'une élégance presque recherchée et mondain, à ce point qu'on fut, à Evreux, quelque peu surpris de voir apparaître un préfet républicain qui semblait bien plutôt appartenir à quelque cercle aristocratique de la capitale. Il aimait pardessus tout le bien-être et le confortable, et c'est au milieu de la boue d'une voie publique qu'il expirait sanglant et isolé.

Son existence tout entière s'était écoulée heureuse et calme entre une femme qu'il aimait, qu'il avait choisie dans la famille d'un de ses amis intimes, notre ancien confrère Delaettre et des enfants dont il ne parlait jamais qu'en termes émus.

Jules-Marc-Antoine Barrême est né à Avignon, le 25 avril 1839. Il fit au lycée de cette ville des études fort remarquées. Il y obtint le prix d'honneur de philosophie en 1855, et, après avoir été reçu bachelier ès lettres, il vint à Paris faire deux nouvelles années de rhétorique et de philosophie au collège Sainte-Barbe. Cette institution avait à cette époque, comme directeur, M. Labrouste, et, comme préfet des études M. Guérard. Grâce à l'habile administration de ces deux hommes éminents, elle jouissait dès lors d'une renommée très justifiée. Plusieurs professeurs distingués, entre autres MM. Despois et Menard, avaient quitté l'en-

seignement officiel lors du coup d'Etat, et trouvé dans
cette maison une hospitalité dont elle fut largement récom-
pensée et qui profita à ses élèves. BARRÊME fut au premier
rang de ceux-ci. Ses professeurs au lycée Louis-le-Grand,
dont il suivait en outre les cours, n'étaient pas moins
réputés: c'étaient le regretté Hippolyte Rigault, le charmant
écrivain dont les œuvres ont survécu, et M. Glachant,
aujourd'hui inspecteur général de l'Instruction publique.

Sous de tels maîtres, ses aptitudes littéraires ne tardèrent
pas à se manifester, et, un de ses camarades de Sainte-Barbe,
Maurice Pujos, a retrouvé des vers qu'il avait composés
en rhétorique. Vous penserez sans doute que le tour en
est facile, la rime aisée et l'idée poétique :

« S'il faut mourir, je veux que ma tombe ignorée
» S'entoure de silence, de fraîcheur et de paix,
» Comme un nid de ramiers au fond d'un bois épais,
» Comme une alcôve heureuse au repos consacrée.

» Que le lézard impur, à la langue acérée,
» Sous la mousse blotti, n'en approche jamais !
» Que la pâle aubépine et les fleurs que j'aimais
» Y croisent leurs rameaux sur l'herbe diaprée !

» Comme une mère berce un enfant qu'elle endort,
» Que le ruisseau natal me berce dans la mort,
» Dans le lit éternel, abri de la souffrance !

» Que chaque soir y laisse un rayon du couchant,
» Le printemps, ses parfums, le rossignol, ses chants,
» Mes enfants, quelques pleurs; la croix, une espérance ! »

Ce n'est pas sans tristesse que vous rapprocherez ces vers,
dans lesquels BARRÊME, à dix-sept ans, souhaitait le silence
autour de sa tombe et redoutait jusqu'à la langue acérée
du lézard pourtant inoffensif, du bruit qui s'est fait autour
de sa fin si lugubre et de ces conjectures fantaisistes et

cruelles qui s'acharnent toujours après la victime d'un meurtre mystérieux.

Au sortir du collège, BARRÈME fit ses études de droit, prêta le serment d'avocat à la Cour d'appel de Paris et fut admis au stage en 1860.

Il parla plusieurs fois à la Conférence, y obtint du succès et fut nommé secrétaire pour la seconde année du bâtonnat de M. Dufaure (1863-1864).

Il se destina alors résolument au barreau de la Cour de cassation, et fut admis en qualité de secrétaire chez M. Stanislas Brugnon, avocat aux conseils, un des meilleurs maîtres qu'il pût choisir, élu depuis président de l'Ordre.

En même temps, il suivait la conférence Portalis, devenue plus tard conférence officielle des secrétaires d'avocats à la Cour de cassation et qui pouvait certes rivaliser avec celle du barreau de la Cour de Paris, car elle comptait parmi ses membres Gambetta, alors débutant et secrétaire de mon excellent confrère M. de Jouy, Paul Jozon, Rauter; et je ne parle que des disparus. — Il faisait également partie de la conférence Molé, brillant sous l'Empire du plus vif éclat. L'élite de nos Parlements, depuis 1871 jusqu'à notre époque, la composaient, et c'était la seule réunion dans laquelle, grâce au patronage de M. le duc de Morny, un de ses fondateurs, on pouvait librement agiter et discuter toutes les questions législatives et politiques.

Ainsi bien préparé pour la carrière dans laquelle il allait entrer, BARRÈME succéda, comme avocat aux conseils, à M. Duquesnel le 30 novembre 1866 Il avait, non sans courage, acheté un titre nu et devait se créer une clientèle par lui-même. Il y fit tous ses efforts sans manquer une seule fois aux règles professionnelles, et son ancien maître me disait que s'il fût resté quelques années de plus attaché à son barreau, il aurait certainement été membre du conseil de l'Ordre.

La conciliation de ses devoirs de confraternité avec la formation d'un cabinet achalandé offre, vous le savez, des difficultés parfois insurmontables. Barrème, qui s'était toujours montré plein de scrupules et de délicatesse, ne put développer aussi vite qu'il l'espérait l'importance de son emploi, et tourna les yeux vers les fonctions administratives, dans lesquelles il pensa pouvoir rendre d'utiles services. Nommé sous-préfet à la Réole le 24 mai 1876, il retrouva comme préfet un de ses anciens camarades de la Conférence, M. Albert Decrais, avec lequel il entretenait un commerce de vive amitié. Il n'hésita pas à donner sa démission après le 16 mai 1877, et, le 26 décembre de la même année, il rentrait dans l'administration comme secrétaire général du département de la Gironde.

Le 3 mai 1879, il était promu préfet des Deux-Sèvres, devenait, le 30 mars 1881, préfet de l'Eure, et recevait en 1883 la croix de chevalier de la Légion d'honneur.

Nous avons déjà constaté, en commençant cette Notice, ses succès dans le dernier poste qu'il a occupé. Le département de l'Eure est, dans notre pays si divisé, un de ceux où la lutte est la plus ardente et la plus passionnée. Le rôle de préfet y est difficile. Que de tact, de bonne grâce, d'aménité et de finesse il lui fallut pour mériter l'éloge que tous les partis s'accordèrent à lui décerner le jour de ses obsèques ! M. Ducy, maire d'Evreux, ne fit que traduire le sentiment unanime en disant de lui : « L'union était sa « politique. Il avait su se concilier l'estime et l'affection « dans ce département, au milieu d'adversaires jamais « lassés, au milieu de républicains trop dévoués et s'exa- « gérant eux-mêmes leurs divisions. »

Telle était la tâche ardue dont il était venu à bout. Aussi s'attacha-t-il vivement à son œuvre et se prit-t-il à aimer son département de l'Eure au point de ne le vouloir pas quitter, lorsqu'on lui offrit, en 1885, la préfecture de la

Haute-Garonne, puis une direction au ministère de l'intérieur. C'était là, comme le faisait remarquer notre camarade Ernest Hendlé, préfet de la Seine-Inférieure, — « un « grand exemple qu'il donnait à ses collègues. »

Après avoir retracé à grands traits la vie publique de Jules BARRÈME, vous parlerai-je de l'homme au point de vue de ses relations privées? Je ne vous apprendrai rien en vous rappelant son caractère toujours égal, sa bonne humeur, le charme de sa conversation et son inaltérable affabilité. C'est grâce à toutes ces qualités que condisciples, confrères et collègues devenaient bientôt pour lui autant d'amis.

L. LYON-CAEN,
Avocat à la Cour de Paris.

Paris. — Alcan-Lévy, imprimeur de l'Ordre des avocats.